COMPRENDRE VOTRE esprit et votre corps

Le diabète

Kit Caudron-Robinson

Explorez d'autres livres sur:
WWW.ENGAGEBOOKS.COM

VANCOUVER, B.C.

e→ WWW.ENGAGEBOOKS.COM

Le diabète: Comprendre votre esprit et votre corps
Caudron-Robinson, Kit 1996 -
Texte © 2024 Engage Books
Conception © 2024 Engage Books

Édité par: A.R. Roumanis and Sarah Harvey
Conception par: Mandy Christiansen
Traduire: Amanda Yasvinski
Relectrice: Vicky Frost

Texte en Montserrat Regular.
Titres de chapitre définis dans Hobgoblin.

PREMIÈRE ÉDITION / PREMIER TIRAGE

Ce livre ne se substitue pas aux conseils d'un professionnel de la santé ni ne constitue un outil de diagnostic. C'est un outil pédagogique pour aider les enfants à comprendre ce qu'eux-mêmes ou d'autres personnes vivent.

CATALOGAGE AVANT PUBLICATION DE BIBLIOTHÈQUE ET ARCHIVES CANADA

Titre: Le diabète / Kit Caudron-Robinson.
Autres titres: Diabetes. Français
Noms: Caudron-Robinson, Kit, auteur.
Description: Mention de collection: Comprendre votre esprit et votre corps | Traduction de : Diabetes.

Identifiants: Canadiana (livre imprimé) 20240378334 | Canadiana (livre numérique) 20240378369 |
ISBN 9781778783890 (couverture rigide)
ISBN 9781778783906 (couverture souple)
ISBN 9781778783920 (pdf)
ISBN 9781778783913 (epub)

Vedettes-matière:
RVM: Diabète chez l'enfant—Ouvrages pour la jeunesse.
RVM: Diabète chez l'enfant—Traitement—Ouvrages pour la jeunesse.
RVM: Diabète—Ouvrages pour la jeunesse.
RVM: Diabète—Traitement—Ouvrages pour la jeunesse.
RVMGF: Livres documentaires pour la jeunesse.

Classification: LCC RJ420.D5 C3814 2024 | CDD J618.92/462—DC23

Ce projet a été rendu possible en partie grâce au gouvernement du Canada.

Canada

Contenu

Qu'est-ce que le diabète?

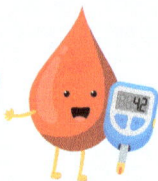

Le diabète est une maladie **chronique**. Les personnes atteintes de diabète ne peuvent pas contrôler la quantité de sucre dans leur sang. Le sucre dans le sang est appelé glucose ou glycémie. Cela donne de l'énergie aux gens.

MOT-CLÉ

Chronique : quelque chose qui dure longtemps.

Il existe deux principaux types de diabète. Le diabète de type 1 apparaît généralement dans l'enfance. Le diabète de type 2 est plus fréquent chez les adultes. Avec les deux types de diabète, le corps a du mal à fabriquer ou à utiliser de **l'insuline**.

MOT-CLÉ

Insuline : aide à contrôler la glycémie.

Qu'est-ce qui cause le diabète?

Le diabète de type 1 survient lorsque le **système immunitaire** fait une erreur. Il attaque les cellules d'une partie du corps appelée le pancréas. Les cellules sont les blocs de construction nécessaires qui composent tous les êtres vivants.

MOT-CLÉ

Système immunitaire : les parties du corps qui travaillent ensemble pour combattre la maladie.

Le pancréas est l'endroit où l'insuline est fabriquée.

Avec le diabète de type 2, les cellules n'utilisent pas l'insuline de façon normale. Le pancréas fabrique plus d'insuline pour essayer de faire fonctionner les cellules. Cela provoque une augmentation du taux de sucre dans le sang. Le diabète de type 2 peut être héréditaire. C'est aussi lié au mode de vie.

Ne pas faire suffisamment d'exercice et être en surpoids peut entraîner un diabète de type 2.

Comment le diabète affecte-t-il votre cerveau?

Des quantités élevées de sucre dans le sang pendant de longues périodes peuvent entraîner une maladie appelée démence. La démence peut endommager le lobe frontal du cerveau. Cela peut causer des problèmes de concentration et de prise de décision.

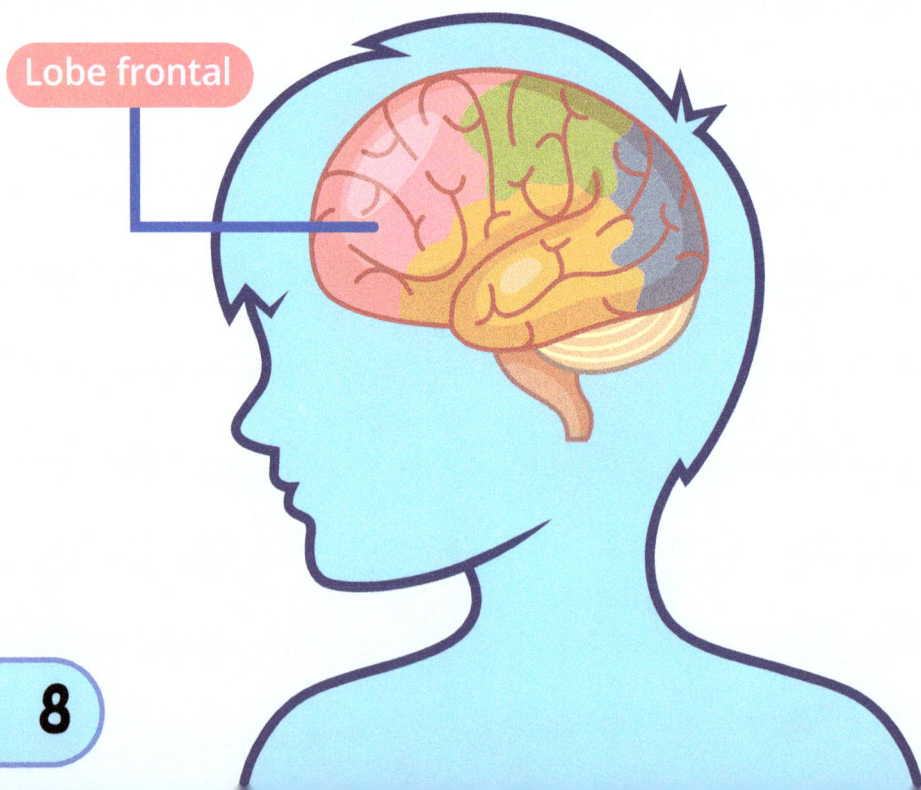

Lobe frontal

L'hypoglycémie est également dangereuse. Elle empêche **l'oxygène** d'atteindre le cerveau. Cela signifie que certaines parties du cerveau commencent à se fermer. Cela peut arriver tout de suite.

MOT-CLÉ

Oxygène : un gaz important qui maintient les humains, les animaux et les plantes en vie.

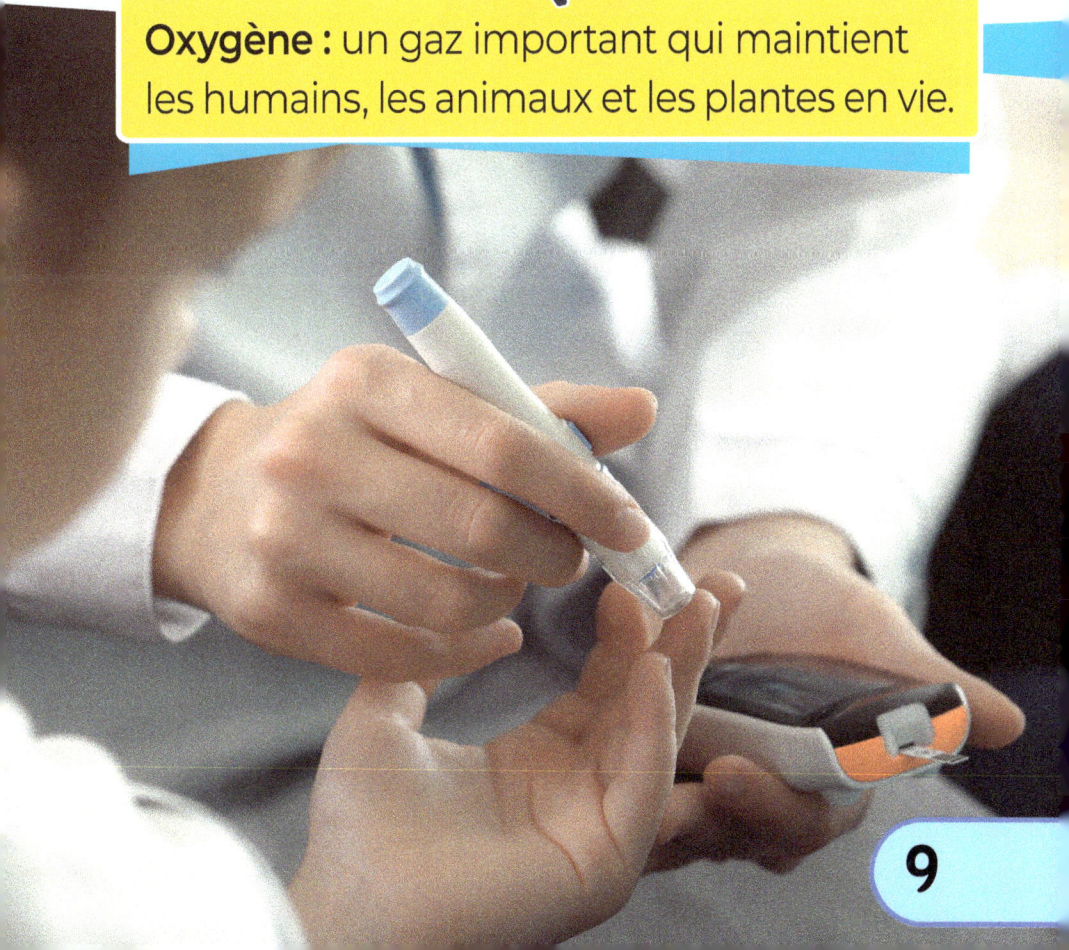

Comment le diabète affecte-t-il votre corps?

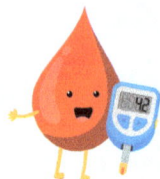

Certains signes de diabète sont lorsque vous urinez souvent, que vous vous fatiguez facilement et que vous êtes fatigué tout le temps. Une personne atteinte de diabète peut également avoir plus faim ou plus soif que ce qui est considéré comme normal. Les coupures et les ecchymoses peuvent ne pas guérir ou guérir lentement.

Au fil du temps, le diabète peut endommager des parties importantes du corps. Cela peut empêcher le cerveau ou le cœur d'une personne de recevoir suffisamment de sang. Elles auront besoin de soins médicaux immédiatement si cela se produit.

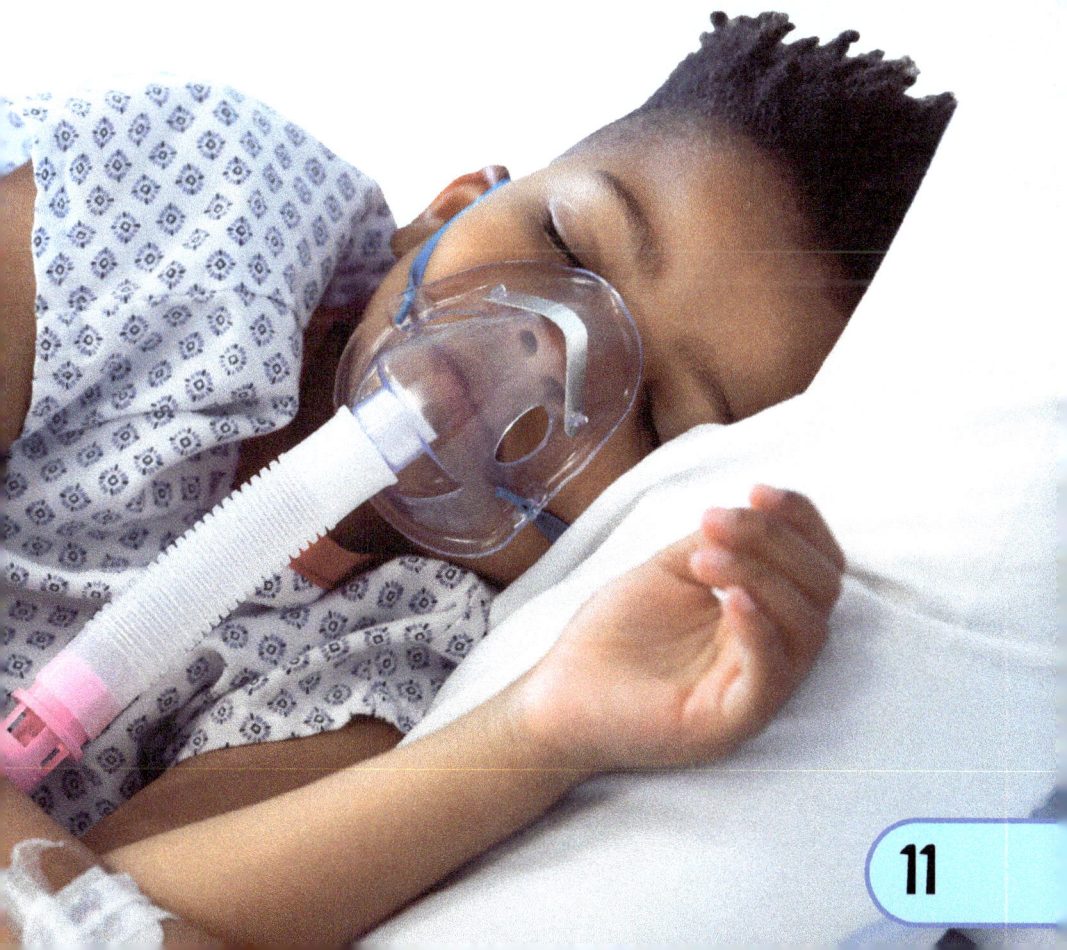

Qu'est-ce qu'un choc diabétique?

Les personnes atteintes de diabète peuvent subir un choc diabétique. Cela peut se produire lorsque leur taux de sucre dans le sang devient trop bas. Les maux de tête, les tremblements et **l'anxiété** sont des effets courants. Confusion aussi. Les gens sont généralement éveillés si leur glycémie n'est pas trop basse.

MOT-CLÉ

Anxiété : sentiments d'inquiétude et de peur difficiles à contrôler.

Les jus de fruits et les aliments riches en sucre peuvent aider les personnes encore éveillées.

Une personne peut entrer dans un coma diabétique si sa glycémie devient trop basse. Les signes d'un coma diabétique comprennent des difficultés à parler ou à voir double. Des effets secondaires graves comme l'évanouissement peuvent survenir.

Une personne dans le coma diabétique a besoin de soins médicaux immédiatement.

13

Le diabète disparaît-il?

Il n'y a pas de remède contre le diabète. Les signes du diabète de type 2 peuvent disparaître pendant un certain temps si un **diabétique** perd beaucoup de poids. Les compagnies médicales travaillent dur pour trouver un remède. Elles essaient de fabriquer de nouveaux pancréas pour remplacer les anciens.

MOT-CLÉ

Diabétique : personne atteinte de diabète.

L'insuline peut être fabriquée par des scientifiques dans un laboratoire. Les diabétiques l'utilisent comme médicament. Cela les aide à maintenir leur glycémie à un niveau normal. Les diabétiques utilisent des lecteurs de glycémie pour mesurer leur glycémie.

L'insuline peut être prise de différentes manières. Ceux-ci incluent une pilule, une seringue, un stylo ou une pompe.

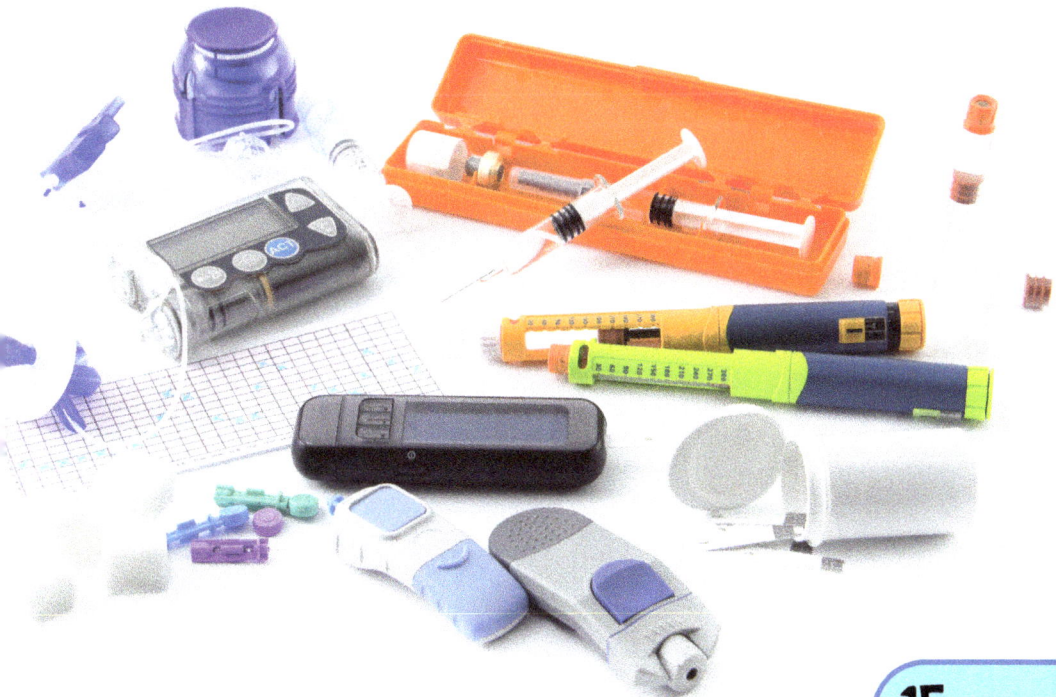

Demander de l'aide

Le **stigmate** entourant tout type de diabète peut rendre difficile la demande d'aide. Vous pouvez avoir peur d'être jugé. Voici quelques amorces de conversation qui pourraient vous aider.

MOT-CLÉ

Stigmate : une croyance négative ou injuste.

« Je pense que je pourrais avoir du diabète. Pouvez-vous m'aider à me faire tester ? »

« Je me sens étourdi. Pouvez-vous s'il vous plaît me donner du jus? »

« Je dois utiliser mon stylo à insuline maintenant. Pouvez-vous m'aider? »

Comment aider les autres avec le diabète

Environ une personne sur dix dans le monde souffre de diabète. Vous connaissez probablement quelqu'un qui l'a. Voici quelques façons de les aider.

Évitez le jugement

Tout le monde fait face à la maladie de différentes manières. Ce qui fonctionne pour soutenir une personne peut ne pas fonctionner pour une autre. Ne juge pas.

En savoir plus sur le diabète

Sachez ce qu'est le diabète et comment traiter le choc diabétique. Il est important de savoir quand appeler un hôpital pour obtenir de l'aide. Votre action pourrait sauver une vie.

Offrez-vous d'être un compagnon d'entraînement

L'exercice est bon pour les diabétiques. Proposez d'essayer différents exercices et sports avec vos amis diabétiques. Vous serez en meilleure santé et vous vous amuserez ensemble.

L'histoire du diabète

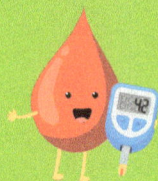

Dans l'Inde ancienne, les médecins utilisaient des fourmis pour tester les personnes atteintes de diabète. Si les fourmis allaient à l'urine d'une personne, cela signifiait que l'urine contenait beaucoup de sucre. Cela signifiait également que la personne était diabétique et urinait le surplus de sucre dans son corps. Ils ont appelé le pipi sucré « l'urine de miel ».

Dans les années 1800, les scientifiques ont découvert que l'insuline faisait baisser le taux de sucre dans le sang. Ils ont appris que le pancréas fabriquait de l'insuline. Ils ont également appris que sans insuline, une personne contracterait le diabète.

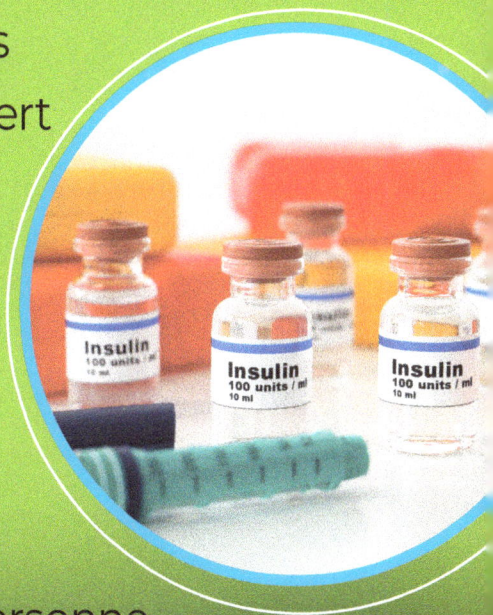

Les super-héros du diabète

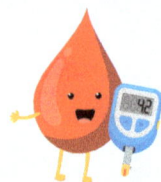

Certains diabétiques choisissent de ne pas parler de leur maladie. D'autres sont ouverts à ce sujet. Voici quelques diabétiques qui ont fait de grandes choses.

Jackie Robinson souffrait de diabète de type 2. Il a été le premier homme noir à jouer au baseball professionnel. Il a également été le premier joueur noir à remporter le prix du joueur le plus utile de la Ligue nationale. La plupart des gens ne savaient pas qu'il souffrait de diabète.

Nick Jonas est diabétique. Le chanteur, auteur-compositeur et acteur souffre de diabète de type 1 depuis l'âge de 13 ans. Il parle beaucoup de son diabète pour aider les autres à en savoir plus.

Tom Hanks a découvert qu'il souffrait de diabète de type 2 en 2013. Il dit que sa mauvaise alimentation était une grande partie du problème.

Astuce 1 pour le diabète: Maintenir une alimentation saine

Une alimentation saine est l'un des meilleurs moyens de lutter contre le diabète. **L'indice glycémique** peut aider les diabétiques à choisir les bons aliments. Les grains entiers, les noix et les œufs sont des choix sains. Il en va de même pour les produits laitiers comme le fromage et le yogourt sans sucre ajouté.

MOT-CLÉ

Indice glycémique : un système qui mesure comment différents aliments affectent les niveaux de sucre dans le sang.

Les plans de repas peuvent aider les diabétiques à suivre de ce qu'ils mangent.

Mangez beaucoup de fruits et de légumes. Éloignez-vous des aliments frits et des aliments riches en sucre ou en sel. Les boissons avec du sucre ajouté sont également mauvaises pour les diabétiques.

Astuce 2 pour le diabète: Faire de l'exercice

L'exercice est excellent pour le diabète.
Il vous aide à contrôler votre glycémie.
Discutez avec votre médecin pour créer un
plan qui fonctionne pour vous.

Essayez de faire de l'exercice régulièrement. C'est utile même si ce n'est que 5 ou 10 minutes par jour. Trouvez un compagnon d'exercice pour vous aider à rester sur la bonne voie.

Astuce 3 pour le diabète: Établir des liens avec les autres

Le soutien émotionnel est important lorsqu'il s'agit de toute maladie chronique. Beaucoup de gens se sentent seuls lorsqu'ils sont aux prises avec une maladie. Vivre avec le diabète est difficile et peut causer des problèmes de santé mentale.

Les groupes de soutien du diabète peuvent aider les diabétiques à gérer ces sentiments. Vous pouvez rencontrer d'autres diabétiques en personne ou en ligne. Rappelez-vous toujours que vous n'êtes pas seul.

Quiz

Testez vos connaissances sur le diabète en répondant aux questions suivantes. Les questions sont basées sur ce que vous avez lu dans ce livre. Les réponses se trouvent au bas de la page suivante.

1 Que contrôle l'insuline ?

2 Qu'est-ce que l'hypoglycémie fait au cerveau?

3 Quelles sont les différentes façons de prendre l'insuline ?

4 Dans l'Inde ancienne, qu'est-ce que les médecins utilisaient pour tester l'urine des gens ?

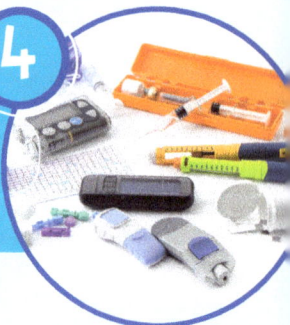

5 Existe-t-il un remède contre le diabète ?

6 Les diabétiques doivent-ils manger des aliments frits ou des aliments riches en sucre ?

Découvrez d'autres lecteurs de niveau 3.

ENGAGER LES LECTEURS 3
L'anxiété

ENGAGER LES LECTEURS 3
L'asthme

ENGAGER LES LECTEURS 3
L'autisme

ENGAGER LES LECTEURS 3
L'image corporelle

ENGAGER LES LECTEURS 3
L'obésité

ENGAGER LES LECTEURS 3
La dyslexie

ENGAGER LES LECTEURS 3
La perte de vision

ENGAGER LES LECTEURS 3
Le diabete

ENGAGER LES LECTEURS 3
Perte auditive

Visite www.engagebooks.com/readers

Réponses: 1. Quantités de sucre dans le sang 2. Elle empêche l'oxygène d'atteindre le cerveau 3. Non 4. Une pilule, une seringue, un stylo ou une pompe 5. Les fourmis 6. Non

www.ingramcontent.com/pod-product-compliance
Lightning Source LLC
Chambersburg PA
CBHW051238020426

42331CB00016B/3428